CHRISTY HALE

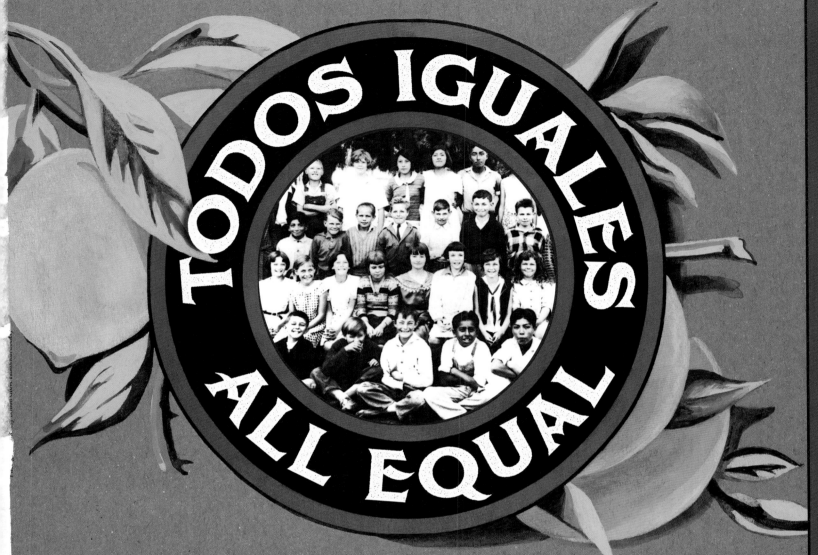

TODOS IGUALES
ALL EQUAL

UN CORRIDO DE • A BALLAD OF

LEMON GROVE

CHILDREN'S BOOK PRESS, *an imprint of* LEE & LOW BOOKS INC. *New York*

AGRADECIMIENTOS

Le doy las gracias a Helen Ofield, presidenta de la Sociedad Histórica de Lemon Grove, quien contestó todas mis preguntas y aportó documentos históricos y fotos; a la juez Elizabeth Humphreys de la Corte Superior del condado de San Joaquín, por su asistencia en la investigación; a John Valdez, profesor emérito de Estudios Chicanos, del Palomar College, quien me invitó a Lemon Grove, me llevó por la ciudad y me presentó a los antiguos alumnos de la escuela de Lemon Grove quienes vivieron el bloqueo en 1931, incluyendo a su tía Mary Louisa Padilla y Elisa "Alice" Gómez, hija de Juan González, quien organizó el Comité de Vecinos de Lemon Grove. También le agradezco a las familias de Lemon Grove por invitarme a sus casas y compartir historias sobre el caso de Lemon Grove; la familia González; Bobby y Lorraine Castellanos, un sobrino y una sobrina de Ramona Castellanos; y Nancy Jamison y Mark Dillon, quienes me alojaron en su hogar durante mi investigación. Con gran aprecio menciono a Elizabeth Gómez, quien me ayudó a mejorar mi español y cantó corridos conmigo; Hernán Epelman, quien escribió la melodía; y Michael Greiner, quien anotó la música para "Un corrido de Lemon Grove". Gracias a Henry González quien me dio una foto de su padre, Juan González. Gracias a Guadalupe García McCall, profesora asistente de inglés, de la Universidad George Fox y poeta y autora galardonada con el premio Pura Belpré, por ser mi consultora. Gracias a mi editora, Louise May, por supervisar cada detalle de este proyecto, por desafiarme y alentarme en cada paso del proceso. Y, finalmente, agradezco a Roberto R. Álvarez Jr., profesor emérito del Departamento de Estudios Étnicos, en la Universidad de California San Diego, quien revisó cuidadosamente este proyecto, compartió perspectivas históricas, historias de su padre, quien fue el demandante en el caso de Lemon Grove, y por aportar sus fotos familiares. La fuerza de la comunidad me llevó a este proyecto, y sentí esta fuerza de primera mano durante la creación de este libro.

ACKNOWLEDGMENTS

Thanks to Helen Ofield, president of the Lemon Grove Historical Society, who answered my many questions and provided historical documents and photos; to Judge Elizabeth Humphreys, Superior Court of San Joaquin County, for her research assistance; to John Valdez, professor emeritus of Chicano Studies, Palomar College, who invited me to Lemon Grove, chaperoned me around town, and introduced me to former Lemon Grove School students who experienced the lockout in 1931, including his aunt Mary Louisa Padilla; and to Elisa "Alice" Gómez, daughter of Juan González, organizer of the Lemon Grove Neighbors Committee. Thanks also to the Lemon Grove families who invited me into their homes, sharing their hospitality and stories of the Lemon Grove case; the González family; Bobby and Lorraine Castellanos, a nephew and niece of Ramona Castellanos; and Nancy Jamison and Mark Dillon, who hosted me during my research. Much appreciation to Elizabeth Gómez, who tweaked my Spanish and sang *corridos* with me; Hernán Epelman, who wrote the tune; and Michael Greiner, who notated the music for "A Ballad of Lemon Grove." Thanks to Henry González, who provided a photo of his father, Juan González. Thanks to Guadalupe García McCall, assistant professor of English, George Fox University, and Pura Belpré Award-winning poet and author, for consulting on the text. Thanks to my editor, Louise May, for overseeing each detail of this project, always both challenging and encouraging me throughout the process. And finally, I am especially grateful to Roberto R. Álvarez Jr., professor emeritus, Department of Ethnic Studies, University of California San Diego, who carefully reviewed this project, offering historical insights; stories of his father, who was the plaintiff in the Lemon Grove case; and the use of family photos. The power of community drew me to this project, and I experienced this power firsthand in the making of this book.

Children's Book Press, an imprint of LEE & LOW BOOKS INC., 95 Madison Avenue, New York, NY 10016, leeandlow.com

Edited by Louise E. May
Designed by Christy Hale
Production by The Kids at Our House
The text is set in Octavian
The illustrations are rendered in gouache and relief printing inks
Manufactured in China by Jade Productions
Printed on paper from responsible sources
First Edition 10 9 8 7 6 5 4 3 2 1

Library of Congress Cataloging-in-Publication Data

Names: Hale, Christy, author. Title: Todos iguales : un corrido de Lemon Grove = All equal : a ballad of Lemon Grove / Christy Hale. Other titles: All equal Description: First edition. | New York : Children's Book Press, an imprint of Lee & Low Books Inc., [2019] | Text in Spanish and English. | Audience: Age: 8 to 12. | Audience: Grade: 4 to 6. | Includes bibliographical references. Identifiers: LCCN 2018053579 | ISBN 9780892394272 (hardcover : alk. paper) Subjects: LCSH: School integration—California—Lemon Grove—History—20th century—Juvenile literature. | School integration—Law and legislation—California—Lemon Grove—History—20th century—Juvenile literature. | Mexican Americans—Education—California—Lemon Grove—History—20th century. | Racism in education—California—Lemon Grove—History—20th century. | Mexican Americans—Segregation—California—Lemon Grove—History—20th century—Juvenile literature. | Corridos. | Ballads. Classification: LCC LC214.23.L46 H35 2019 | DDC 379.2/630979498—dc23   LC record available at https://lccn.loc.gov/2018053579

Para mi amiga Elizabeth Gómez
y la familia Gómez Reyes de Oaxaca, México

For my friend Elizabeth Gómez
and the Gómez Reyes family of Oaxaca, Mexico

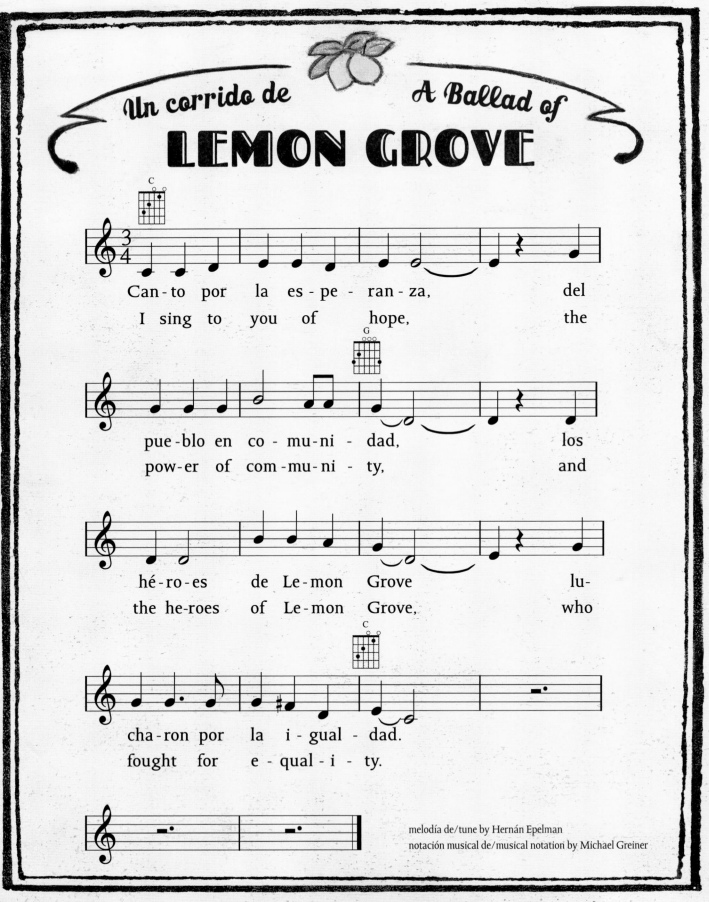

Un corrido de — A Ballad of LEMON GROVE

Can - to por   la   es - pe - ran - za,   del
I sing to   you   of   hope,   the

pue - blo en co - mu - ni - dad,   los
pow - er of com - mu - ni - ty,   and

hé - ro - es   de Le - mon   Grove   lu-
the he - roes   of Le - mon   Grove,   who

cha - ron por   la   i - gual - dad.
fought for   e - qual - i - ty.

melodía de/tune by Hernán Epelman
notación musical de/musical notation by Michael Greiner

Un corrido de Lemon Grove

Canto por la esperanza,
del pueblo en comunidad,
los héroes de Lemon Grove
lucharon por la igualdad.

En el verano del '30
los blancos americanos
votaron por una escuela
sólo para mexicanos.

Era el cinco de enero,
cuando el señor director
detuvo a los mexicanos
que entraban al corredor.

"No iremos a la otra escuela".
Los niños se rebelaron.
"Es una caballeriza,
¡No es igual!", se quejaron.

Se reunieron inmigrantes
con familia y amistad,
y formaron "Los Vecinos",
una gran comunidad.

Los Vecinos le pidieron
ayuda al Consulado.
Boicotearon a la escuela.
Contrataron abogado.

Ellos fueron a la corte
y lucharon por su caso.
Contra la segregación,
fue un importante paso.

El juez falló en su favor:
"Pues, esta separación
de los niños mexicanos
es mala legislación".

Mexicoamericanos
en sus salones normales
sintiéndose ya más fuertes
se sabían: todos iguales.

A Ballad of Lemon Grove

I sing to you of hope,
the power of community,
and the heroes of Lemon Grove,
who fought for equality.

The summer of 1930,
the all-white school board members
voted for a separate school
for Mexican Americans.

It was January the fifth
when the grammar school principal
blocked Mexican Americans
before they could enter the hall.

"We won't go to the other school.
It's not equal!" the children yelled.
"It's nothing more than a horse barn."
The ill-treated children rebelled.

The immigrants joined together
with their friends and their family,
and they established "The Neighbors,"
a mighty community.

The Neighbors appealed for support
from the Mexican consul.
They hired legal services
and boycotted Lemon Grove School.

They brought their case to the courtroom
and through hard-fought litigation,
took an important step forward
to end school segregation.

The judge ruled in their favor,
saying that the separation
of Mexican American children
was bad legislation.

The Mexican Americans,
back in their regular classrooms,
sat proudly with more confidence
because they knew—all were equal.

Todas las mañanas de lunes a viernes, mientras el sol salía lentamente sobre Lemon Grove, California, Roberto Álvarez, de doce años, salía corriendo por la puerta de su casa. Le encantaba ir a la escuela y no quería llegar tarde. Corría por la avenida del Norte y doblaba en la esquina para llegar a la calle Olivo, donde se juntaba con sus amigos rumbo a la escuela al otro lado del pueblo.

Weekday mornings, while the sun was slowly ripening over Lemon Grove, California, twelve-year-old Roberto Álvarez raced out the door. He loved school and didn't want to be late. He hurried along North Avenue and around the corner to Olive Street, where he joined his friends on their way across town.

Roberto junto con setenta y cuatro niños de su barrio hacían este viaje diario a la escuela. Sus padres que habían emigrado de México y se habían establecido en Lemon Grove, ya se habían ido a trabajar en los huertos, los campos, la empacadora y la cantera del lugar. Los niños más grandes tomaban de la mano a los chiquitos para cruzar la peligrosa intersección de la avenida Imperial. Juntos cruzaban las vías del ferrocarril y se dirigían hacia la calle Lincoln. Los hermanos, primos y amigos se cuidaban unos a otros.

Roberto and seventy-four other children from his neighborhood continued on their daily trip. Their parents, migrants from Mexico who had settled together in Lemon Grove years before, were already at work in the orchards, fields, packinghouse, and quarry. The older children guided the younger ones through the busy Imperial Avenue intersection, over the railroad tracks, and on to Lincoln Street. Brothers, sisters, cousins, and friends all took care of one another.

A la escuela de Lemon Grove también llegaban 169 niños de casas cercanas. Roberto saludaba alegremente a sus amigos. A pesar de que las familias mexicanas y angloamericanas vivían y trabajaban por separado, todos los niños nadaban juntos en Polly's Pond y jugaban béisbol.

En la escuela todos los niños eran iguales. Se paraban cerca del director Greene. Cuando a las siete y media sonaba la campana, entraban juntos al edificio.

The rest of the 169 students who attended Lemon Grove School arrived from nearby homes. Roberto waved to his friends. Although the Mexican and Anglo families lived and worked separately, the children swam together at Polly's Pond and they all played baseball together.

At school the children met as equals too. They lined up near Principal Greene. At seven thirty the bell rang and they entered the building side by side.

Durante el verano de 1930, los niños mexicoamericanos se divertían jugando juntos. Se la pasaban corriendo dentro y fuera de las casas de sus vecinos. El barrio era como un gran parque de juegos.

Sin embargo, del otro lado de la ciudad, la junta escolar estaba planificando secretamente un gran cambio que afectaría a los estudiantes.

During the summer of 1930, the Mexican American children spent their time playing together and running in and out of one another's homes. The neighborhood was like a big family playground.

But across town, the school board was making secret plans for the students.

En septiembre, Roberto se dio cuenta que se estaba construyendo un nuevo edifico en la calle Olivo, muy cerca de su casa. Durante el otoño los niños del barrio vieron, a través de los tablones de la barda, que apareció un edificio de dos habitaciones parecido a un establo.

A finales de noviembre, aparecieron dos columpios y un subibaja cerca del edificio. Las familias del barrio comenzaron a sospechar que se estaba construyendo una escuela para separar a los niños mexicoamericanos del resto de los estudiantes.

In September, Roberto noticed new construction on Olive Street, not far from his home. Throughout the fall the neighborhood children watched, peeking through the gaps between the rough boards, as a two-room, barnlike building appeared.

In late November, two swings and a teeter-totter were added near the building. Suspicion grew that this was to be a separate school for the Mexican American students.

San Diego

Lemon Grove

Baja California

Antes del caso Lemon Grove

En el periodo de casi veinte años entre el inicio de la Revolución Mexicana (1910) y el comienzo de la Gran Depresión (1929), más de un millón de mexicanos llegaron a los Estados Unidos. Lemon Grove, una comunidad rural en el condado de San Diego, en el suroeste de California, era un lugar atractivo. Habían muchos trabajos en los huertos de cítricos, campos agrícolas, empacadora y cantera minera. Para el 1930, cincuenta familias que provenían de la región de Baja California en México, se establecieron en el área de San Diego, creando una comunidad solidaria y estable.

La Gran Depresión provocó un aumento en el desempleo y en el prejuicio en contra de los inmigrantes. Algunos mexicanos fueron deportados a México, y los que se quedaron en California fueron vistos como una amenaza laboral para los angloamericanos y un peso fuerte para los gastos sociales. El prejuicio aumentó. Los hijos de los inmigrantes solían ser segregados en escuelas de "americanización".

En este contexto, la junta directiva de la escuela de Lemon Grove se reunió el 23 de julio de 1930 y votó a favor de crear una escuela separada para los niños mexicoamericanos en la comunidad. La escuela tenía 169 estudiantes, setenta y cinco de ellos pertenecían a familias inmigrantes. La junta directiva afirmó que "la situación había llegado a condiciones de emergencia", señalando la sobrepoblación y los trastornos "sanitarios y morales" causados por los estudiantes mexicoamericanos. La junta dijo que actuaba por el bien de los niños. La escuela nueva estaría en el área mexicana de Lemon Grove. La junta directiva asumió que la comunidad mexicana aceptaría dócilmente el plan para segregar a sus hijos.

N

W

E

S

MÉXICO

Un día a mediados de diciembre, Roberto jugaba cerca de su casa cuando el director Greene se le acercó. A diferencia de la junta escolar, quería que las familias mexicanas supieran sobre la escuela nueva.

El director Greene le dio a Roberto una hoja de papel que tenía dos columnas. "¿Te puedo pedir un favor?", preguntó el director. "Pídele a las familias de tu barrio que marquen la columna de la izquierda si piensan ir a la escuela nueva y la de la derecha si no".

En casa, el tío de Roberto rompió la hoja de papel en pedacitos. De todas maneras, la noticia se difundió rápidamente y la comunidad decidió unirse para defenderse.

One day in mid-December, Roberto was playing ball near his house when Principal Greene stopped by. Unlike the school board members, he wanted the Mexican families to know about the new school.

Principal Greene gave Roberto a piece of paper with two columns. "Would you do something?" the principal asked. "Go to all the families and ask them to sign on the left if they're coming to the new school and on the right if they're not."

At home, Roberto's uncle tore the paper to shreds. But the news spread quickly and the community united.

El 5 de enero de 1931, Roberto y los demás niños mexicoamericanos se regresaron a la escuela de Lemon Grove después de sus vacaciones. En la puerta de entrada se juntaron a compartir sus aventuras.

Cuando sonó la campana, el director Greene levantó la mano para pedir silencio. Se paró como un guardia frente a la puerta. "Muévanse a un lado y dejen pasar a los estudiantes angloamericanos para que entren a clase", les dijo a los niños mexicoamericanos. "Ustedes ya no pertenecen a este lugar".

On January 5, 1931, Roberto and many other Mexican American children returned to Lemon Grove School. They huddled outside, sharing stories of their holidays.

When the bell rang, Principal Greene raised his hand for silence. He stood like a guard at the doors. "Move aside and let the Anglo students go to class," he told the Mexican American students. "You do not belong here."

El director Greene les dijo a los niños que sus libros ya habían sido trasladados a la escuela nueva en la calle Olivo. Las maestras Elliott y Markland los llevarían hasta allí.

Las maestras intentaron guiar a los niños hacia la escuela nueva, pero sus padres ya les habían dicho que no se dejaran llevar a la "caballeriza". Uno por uno, los estudiantes se fueron separando de las maestras y corriendo hacia sus casas. Llegaron con sólo tres niños a la escuela.

Principal Greene told the children that their books had already been moved to the new school on Olive Street. Mrs. Elliott and Miss Markland would accompany them there.

The two teachers tried to guide the group along, but the children had been warned by their parents not to go to that "barn." One by one, the students broke away from the teachers and ran home, until only three children arrived at the new school.

Por la noche, Roberto, su familia y los otros vecinos del barrio se apretujaron en la casa de los Bonilla.

Los padres habían emigrado a California muchos años atrás buscando una mejor vida para ellos y para sus hijos. Querían que sus niños tuvieran una buena educación. Sin embargo, la escuela nueva era muy pequeña, construida con materiales de muy mala calidad y repleta de útiles escolares viejos. ¡Era un insulto!

Un padre les recordó que sus hijos eran ciudadanos americanos ya que habían nacido en los Estados Unidos. Otros padres estuvieron de acuerdo. La mayoría de los niños eran ciudadanos americanos.

Juan González propuso que las familias se juntaran para organizar el Comité de Vecinos de Lemon Grove. Si todos se negaban a mandar a sus niños a esta escuela, la junta escolar no podría separar a sus hijos de los estudiantes angloamericanos.

In the evening, Roberto and his family squeezed into the Bonilla home along with other neighboring Mexican families.

The parents had come to California many years before to make better lives for themselves and their children. They wanted the children to receive a good education. But the new school was small, roughly built, and filled with cast-off school supplies. It was an insult!

One parent pointed out that her children were born in the United States and were citizens. Other parents nodded in agreement. Most of the children were United States citizens.

Juan González took the lead. He proposed that the families form the Lemon Grove Neighbors Committee. If they all refused to send their children to the new school, the school board would not be able to get away with segregating their children.

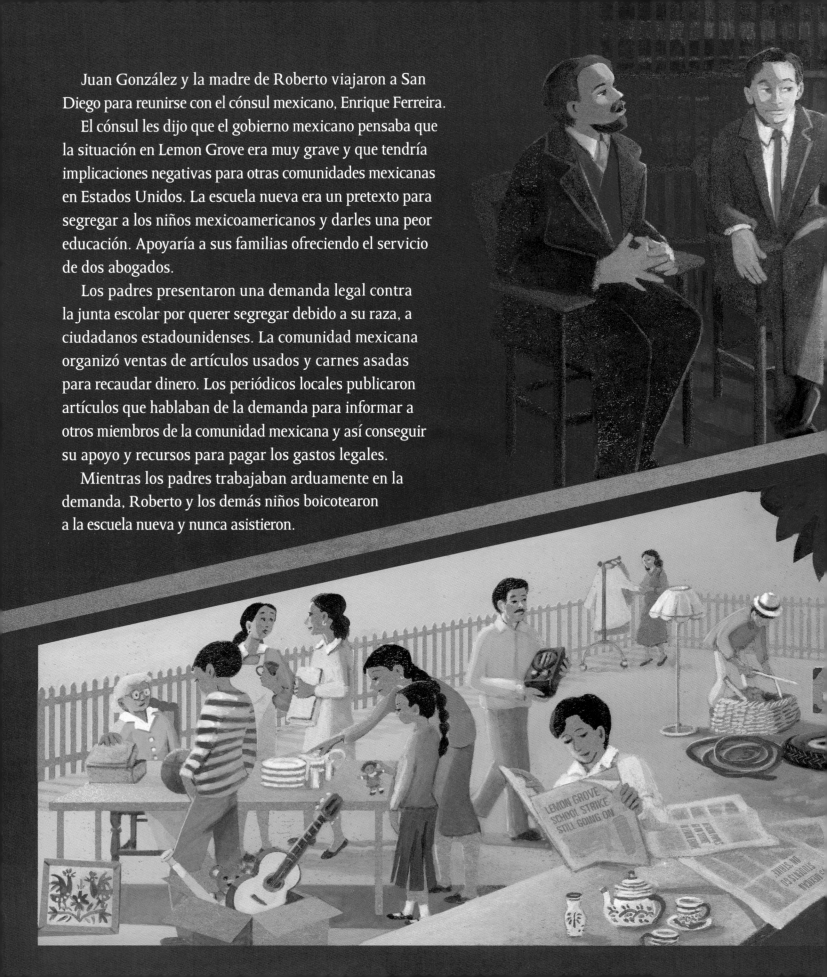

Juan González y la madre de Roberto viajaron a San Diego para reunirse con el cónsul mexicano, Enrique Ferreira.

El cónsul les dijo que el gobierno mexicano pensaba que la situación en Lemon Grove era muy grave y que tendría implicaciones negativas para otras comunidades mexicanas en Estados Unidos. La escuela nueva era un pretexto para segregar a los niños mexicoamericanos y darles una peor educación. Apoyaría a sus familias ofreciendo el servicio de dos abogados.

Los padres presentaron una demanda legal contra la junta escolar por querer segregar debido a su raza, a ciudadanos estadounidenses. La comunidad mexicana organizó ventas de artículos usados y carnes asadas para recaudar dinero. Los periódicos locales publicaron artículos que hablaban de la demanda para informar a otros miembros de la comunidad mexicana y así conseguir su apoyo y recursos para pagar los gastos legales.

Mientras los padres trabajaban arduamente en la demanda, Roberto y los demás niños boicotearon a la escuela nueva y nunca asistieron.

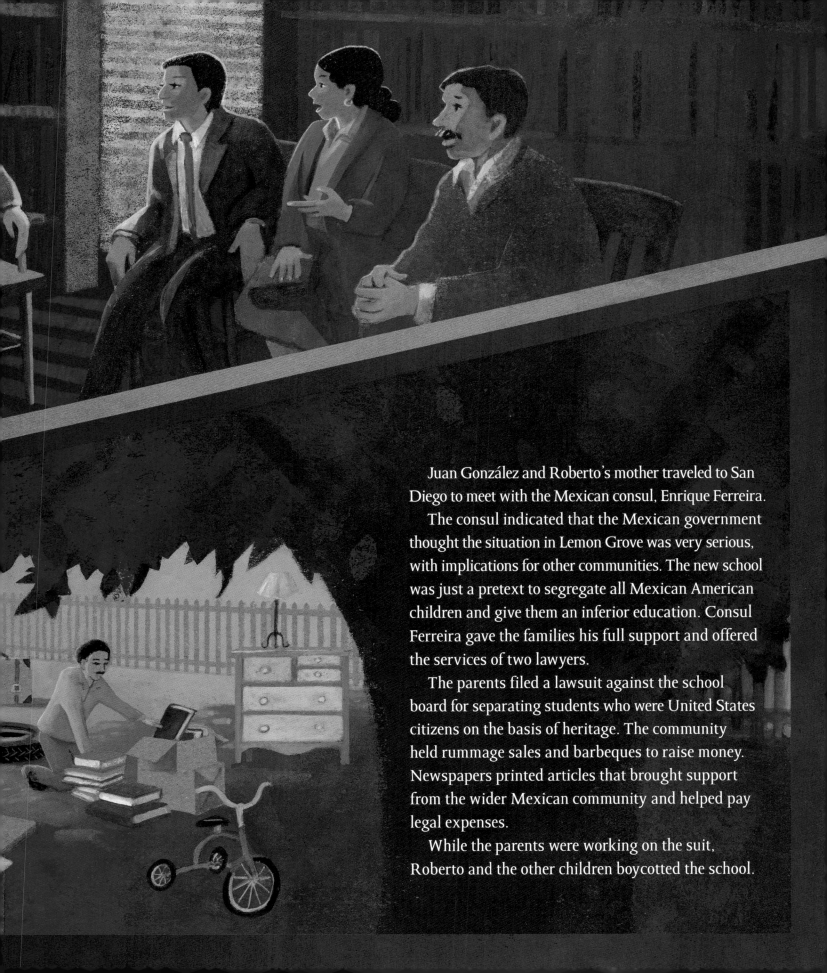

Juan González and Roberto's mother traveled to San Diego to meet with the Mexican consul, Enrique Ferreira.

The consul indicated that the Mexican government thought the situation in Lemon Grove was very serious, with implications for other communities. The new school was just a pretext to segregate all Mexican American children and give them an inferior education. Consul Ferreira gave the families his full support and offered the services of two lawyers.

The parents filed a lawsuit against the school board for separating students who were United States citizens on the basis of heritage. The community held rummage sales and barbeques to raise money. Newspapers printed articles that brought support from the wider Mexican community and helped pay legal expenses.

While the parents were working on the suit, Roberto and the other children boycotted the school.

En poco tiempo, Roberto participó más activamente en la demanda. Todos sabían que era un buen estudiante, así que el Comité de Vecinos lo eligió para representar a todos los niños. El 24 de febrero de 1931, el caso de *Roberto Álvarez v. la Junta de Síndicos del Distrito Escolar de Lemon Grove* se presentó ante la corte del juez Claude Chambers.

Roberto escuchó cómo la junta escolar defendía la creación de la escuela nueva no como una decisión racista para segregar a los estudiantes mexicoamericanos, sino como una forma de darles acceso a una educación especial a quienes necesitaban reforzar su aprendizaje de inglés y a quienes tenían otras "deficiencias". Roberto respondió a todas las preguntas que le hacía el juez Chambers con inteligencia y en perfecto inglés, contradiciendo la falsa representación de los niños mexicanos por parte de la junta educativa.

Soon Roberto took a more active role. Everyone knew he was a good student, so the Neighbors Committee selected him to represent all the children. The case of *Roberto Álvarez v. the Board of Trustees of the Lemon Grove School District* went to court before Judge Claude Chambers on February 24, 1931.

Roberto listened as the school board claimed that the new school was not a racist way of segregating students but a way to give special attention to students who spoke poor English and had other "deficiencies." Roberto replied to all Judge Chambers's questions with intelligence and in perfect English, disproving the school board's false portrayal of the Mexican American children.

El jueves, 12 de marzo de 1931, el juez Chambers emitió su fallo en el caso.

"Entiendo que se pueden separar a algunos niños, para mejorar su educación ya que necesitan instrucción especial; pero separar a todos los mexicanos en un solo grupo sólo puede hacerse infringiendo las leyes del Estado de California".

Se ordenó a la junta escolar que admitieran de inmediato a Roberto Álvarez y a los otros setenta y cuatro estudiantes mexicoamericanos, a la escuela de Lemon Grove, donde recibirían instrucción en igualdad de condiciones junto con los estudiantes angloamericanos.

On Thursday, March 12, 1931, Judge Chambers delivered his ruling in the case.

"I understand that you can separate a few children, [if] to improve their education they need special instruction; but to separate all the Mexicans in one group can only be done by infringing the laws of the State of California."

The school board was ordered to admit Roberto Álvarez and the other seventy-four Mexican American students back into Lemon Grove School immediately, where they would receive instruction on an equal basis with the Anglo students.

EQUAL

El lunes siguiente, cuando la campana sonó a las siete y media, Roberto y los otros estudiantes mexicoamericanos entraron a la escuela pasando por frente del director Greene para aprender como iguales.

The following Monday, when the school bell rang at seven thirty, Roberto and the other Mexican American students walked past Principal Greene and entered the school to learn as equals.

Before the Lemon Grove Case

In the almost twenty-year period between the beginning of the Mexican Revolution (1910) and the start of the Great Depression (1929), more than a million Mexicans arrived in the United States. Lemon Grove, a rural community in San Diego County in southwestern California, was an attractive destination. There were plentiful jobs in the citrus orchards, agricultural fields, packinghouse, and mining quarry. By 1930, fifty families had come from the Baja California region of Mexico and settled in the San Diego area, creating a supportive and stable community.

The Great Depression brought a rise in unemployment and anti-immigration attitudes. Some Mexicans were deported to Mexico, and those who remained in California were seen as threats to the employment of Anglos and a drag on welfare costs. Prejudice grew. Children of the immigrants were often segregated into "Americanization" schools.

Against this backdrop, the Lemon Grove School Board met on July 23, 1930, and voted to create a separate school for the Mexican American children in the community. The grammar school had 169 students, seventy-five of them from immigrant families. The school board trustees claimed that "the situation had reached emergency conditions," noting overcrowding and "sanitary and moral" disorders caused by the Mexican American students. The board members assured themselves that they were doing this for the good of the children. The new school would be in the Mexican area of Lemon Grove, after all. However, the school board did not inform the affected families. The board assumed the Mexican community would meekly accept the plan to segregate their children.

ROBERTO R. ÁLVAREZ (1928): tercera fila al extremo izquierdo, al lado de la profesora/third row at the far left, next to the teacher

ROBERTO RICARDO ÁLVAREZ a los doce años era un estudiante ejemplar que hablaba excelente inglés, por lo que fue seleccionado para representar a todos los estudiantes mexicoamericanos en el caso legal de Lemon Grove. Terminó la escuela secundaria en 1937. Después de haber sido parte en la Marina de los Estados Unidos durante la Segunda Guerra Mundial y después de haber administrado una tienda de comestibles en San Diego, Roberto fundó Coast Citrus Distributors en 1950. Esta empresa mayorista de frutas y verduras fue pionera en la importación de productos de México. Roberto se convirtió en uno de los empresarios latinos más exitosos de los Estados Unidos y recibió muchos premios y distinciones por su participación en la comunidad y por su apoyo caritativo. Roberto Álvarez murió en 2003, y el 7 de marzo de 2007, la escuela intermedia de Lemon Grove le puso su nombre al auditorio.

ROBERTO RICARDO ÁLVAREZ at twelve years old was an exemplary student who spoke excellent English, so he was selected to represent all the Mexican American students in the Lemon Grove court case. He completed high school in 1937. After serving in the US Navy during World War II and then managing a San Diego food store, Roberto founded Coast Citrus Distributors in 1950. This wholesale fruit and vegetable company was a pioneer in importing produce from Mexico. Roberto became one of the most successful Hispanic entrepreneurs in the United States, and he received many awards and honors for his lifelong community involvement and charity. Roberto Álvarez died in 2003, and on March 7, 2007, the Lemon Grove middle school named an auditorium for him.

Los participantes en el caso judicial

LOS NIÑOS/THE CHILDREN

Aguilera,	Ana	Cordero,	Josefa	Meza,	Abel
	David	Delgado,	Adelaida		Julián
	Josephina		Francisca		Lindro
	Vicente		Jesús		Seferina
Agundes,	Johita		Rafael		Victoria
Álvarez,	Antonio	Fernández,	Antonio	Miranda,	Henry
	Mercedes		Carlota	Nuñez,	Francisco
	Roberto		Elena		Gonzalo
Álvarez,	Benigno		Sara	Nuñez,	Francisca
Armendáriz,	Martín	González,	Arturo		Jesús
Beltrán,	Justa		Elisa	Rodríguez,	Antonia
	María Luisa		Francisco		David
Bonilla,	Jesús		Jesús		Ester
	María		José		Ygnacia
	Paula		Juan	Romero,	Josefina
	Rudolfo	Lieras,	Auristina	Rosas,	José
Castellanos,	Abel		Birfinia		Manuel
	María		Federico	Ruiz,	David
	Narciso		Juan		Norma
Cesena,	Frank		Leona		Roberto
	Manuel		Margarita	Sánchez,	Lucy
	Roberto	Lieras,	Ambrosia	Smith,	José
Contreras,	Guadalupe		Antonio		María
	Sofía		Guadalupe	Sotelo,	Amalia
			José		Sarah
			Vicente		

LOS ADULTOS

Los miembros de la junta escolar E. L. OWEN, ANNA E. WIGHT y HENRY A. ANDERSON se reunieron en el verano de 1930 para planificar la iniciación de una escuela separada para los mexicoamericanos.

JEROME GREENE, director de la escuela de Lemon Grove, impidió que los niños mexicoamericanos ingresaran a la escuela el 5 de enero de 1931. Greene desobedeció

Roberto Alvarez Auditorium

3121

Participants in the Court Case

sus órdenes en diciembre de 1930, cuando le pidió a Roberto Álvarez que alertara a las familias mexicoamericanas sobre el plan de la junta escolar para crear una escuela segregada. La junta escolar despidió a Greene poco después de que finalizara el caso.

JUAN GONZÁLEZ asistió a una escuela militar en México antes de unirse al ejército de Pancho Villa a los diecisiete años. González escribía y hablaba con elocuencia. Utilizó sus habilidades de liderazgo para organizar a los trabajadores agrícolas en la década de los 1920 y se convirtió en el organizador clave para el boicot escolar de 1931 en Lemon Grove. Trabajó con los abogados que representaban a las familias mexicanas.

RAMONA CASTELLANOS ÁLVAREZ, la madre de Roberto, fue miembro del Comité de Vecinos de Lemon Grove. Ella mantuvo un amplio registro de todos los eventos del caso Lemon Grove.

ENRIQUE FERREIRA, consejero mexicano en San Diego, hizo los arreglos para que los abogados FRED C. NOON y A.C. BRINKLEY fueran abogados en el caso.

THE ADULTS
School board members E. L. OWEN, ANNA E. WIGHT, and HENRY A. ANDERSON met in the summer of 1930 to plan a separate school for the Mexican American students.

JEROME GREENE, principal of the Lemon Grove School, blocked the Mexican American children from entering the school on January 5, 1931. Greene disobeyed the school board's orders in December 1930 when he asked Roberto Álvarez to alert the families to the board's plan for a segregated school. The school board fired Greene shortly after the court case ended.

JUAN GONZÁLEZ went to military school in Mexico before joining Pancho Villa's army at age seventeen. González wrote and spoke eloquently. He used his leadership skills to organize farm laborers in the 1920s and became the key organizer for the 1931 Lemon Grove School boycott. He worked with the lawyers who represented the Mexican families.

RAMONA CASTELLANOS ÁLVAREZ, Roberto's mother, was a member of the Lemon Grove Neighbors Committee. She kept extensive records of all the events of the Lemon Grove case.

ENRIQUE FERREIRA, Mexican consul in San Diego, arranged for attorneys FRED C. NOON and A. C. BRINKLEY to serve as lawyers for the court case.

JEROME GREENE

JUAN GONZÁLEZ

RAMONA CASTELLANOS
ÁLVAREZ

"El caso muestra el valor de la comunidad mexicana de Lemon Grove que, como inmigrantes, utilizaron el sistema público de justicia para poner a prueba los derechos de sus hijos como ciudadanos de los Estados Unidos".
—ROBERTO R. ÁLVAREZ JR.

"The case stands as a credit to the Mexican community of Lemon Grove who as immigrants used the public system of justice to test their children's rights as U.S. citizens."
—ROBERTO R. ÁLVAREZ JR.

"*Un tribunal debe mantener la dignidad de la ley y respetar los derechos de todos por igual, independientemente de...a qué raza, nacionalidad o religión puedan pertenecer*".

—JUEZ CLAUDE CHAMBERS

ROBERTO ÁLVAREZ   JUEZ/JUDGE CLAUDE CHAMBERS

SYLVIA MENDEZ   JUEZ/JUDGE PAUL J. McCORMICK

LINDA BROWN   JUEZ/JUDGE EARL WARREN

Después del fallo

Roberto Álvarez v. la Junta de Síndicos del Distrito Escolar de Lemon Grove fue el primer caso exitoso de desegregación escolar en la historia de los Estados Unidos. La Cámara de Comercio de Lemon Grove, molesta por toda la publicidad negativa, quizo dejar el caso atrás. Después del fallo, el acta de la junta escolar del 12 de marzo de 1931 no registró el caso legal. El acta simplemente decía: "Todo debía continuar exactamente como había sido antes del 5 de enero". La junta escolar perdió fondos estatales mientras los niños mexicoamericanos no asistían a la escuela, además tuvieron que pagar la construcción de la escuela nueva que jamás se usaría, al igual que los honorarios de sus abogados y los de los abogados demandantes.

La junta escolar carecía de los recursos financieros para presentar una apelación y el caso no llegó a un tribunal superior de justicia, por lo que la decisión del juez Chambers no sentó un precedente para futuros cases de segregación escolar. El fallo tuvo éxito en Lemon Grove porque los niños mexicoamericanos fueron identificados como blancos y, según la ley de California, no se les podía separar de otros blancos.

Fuera de Lemon Grove, la segregación continuó en las escuelas de americanización. En el caso de 1947 de *Mendez v. Distrito Escolar de Westminster del Condado de Orange*, el juez Paul J. McCormick dictaminó que las escuelas separadas para los niños de ascendencia mexicana negaban la protección igualitaria ante la ley, nombrándola inconstitucional. Un tribunal federal de apelaciones confirmó la decisión y el Gobernador de California, Earl Warren, firmó una ley que puso fin a la segregación escolar en el estado.

Mientras que el caso *Mendez v. Westminster* estaba pendiente ante el tribunal de apelaciones, Thurgood Marshall, un abogado de la Asociación Nacional para el Avance de la Gente de Color conocida por sus siglas en inglés NAACP (National Association for the Advancement of Colored People), escribió un documento amicus curiae para el caso. Esto influyó en los argumentos que Marshall usó más tarde en *Brown v. Board of Education of Topeka*. En ese caso, Earl Warren, que era presidente de la Corte Suprema de los Estados Unidos, declaró en 1954 que la segregación escolar era inconstitucional en todo el país.

RULING GIVES MEXICAN CHILDREN EQUAL RIGHTS

L.A. Federal Judge Issues Injunction Against Local Schools

Segregation Held

"A court should uphold the dignity of the law and respect the rights of all equally, irrespective of . . . what race, nationality or religion they may belong to."

—JUDGE CLAUDE CHAMBERS

After the Ruling

Roberto Álvarez vs. the Board of Trustees of the Lemon Grove School District was the first successful school desegregation case in United States history. The Lemon Grove Chamber of Commerce, upset by all the negative publicity, wanted to put the case quickly into the past. Following the ruling, the March 12, 1931, school board meeting minutes did not record the court case. The minutes merely read, "Everything was to continue exactly as it did prior to January 5th." The school board lost state funding while the Mexican American children boycotted but still had to pay for the construction of the new school that would not be used, their own legal fees, and the legal fees of the plaintiff.

The board lacked the financial resources to make an appeal and the case did not go to a higher court, so Judge Chambers's decision did not set a precedent for future school segregation cases. The ruling succeeded in Lemon Grove because the Mexican American children were defined as white, and under California law they could not be separated from other white people.

Outside of Lemon Grove, segregation continued in Americanization schools. In the 1947 case of *Mendez v. Westminster School District of Orange County*, Judge Paul J. McCormick ruled that separate schools for children of Mexican ancestry were an unconstitutional denial of equal protection. A federal appeals court upheld the decision, and California Governor Earl Warren signed legislation ending public school segregation in the state.

While *Mendez v. Westminster* was pending before the court of appeals, Thurgood Marshall, an attorney for the National Association for the Advancement of Colored People (NAACP), wrote a friend of the court brief for the case. This influenced the arguments Marshall later used in *Brown v. Board of Education of Topeka*. In that case, Earl Warren, then Chief Justice of the Supreme Court of the United States, declared in 1954 that school segregation was unconstitutional throughout the country.

"Creo que esta separación niega a los niños mexicanos de la presencia de los niños estadounidenses, quien les ayudarían a aprender el inglés".

—JUEZ CLAUDE CHAMBERS

"I believe that this separation denies the Mexican children the presence of the American children, which is so necessary to learn the English language."

—JUDGE CLAUDE CHAMBERS

"Un requisito fundamental en el sistema estadounidense de educación pública es la igualdad social. Debe estar abierto a todos los niños mediante una asociación escolar unificada, sin importar su ascendencia".

—JUEZ PAUL J. MCCORMICK

"A paramount requisite in the American system of public education is social equality. It must be open to all children by unified school association regardless of lineage." —JUDGE PAUL J. MCCORMICK

"Concluimos que, en el campo de la educación pública, la doctrina de 'separado pero igual' no tiene cabida. Las instalaciones educativas separadas son desiguales por naturaleza".

—PRESIDENTE DE LA CORTE SUPREMA EARL WARREN

"We conclude that in the field of public education the doctrine of 'separate but equal' has no place. Separate education facilities are inherently unequal."

—CHIEF JUSTICE OF THE SUPREME COURT EARL WARREN

SCHOOL SEGREGATION BANNED

Supreme Court Refutes Doctrine of Separate but Equal Education

Unconstitutional

Los corridos

El corrido es una canción o balada que cuenta una historia. Este estilo musical se desarrolló en México en el siglo XIX, pero se originó en los cuentos románticos de la España medieval. La canción se llama corrido porque se canta rápidamente. Tiene una melodía simple, sin coro. Tradicionalmente, se escribieron corridos sobre personajes reales, eventos y temas de héroes que luchaban contra la injusticia. Los corridos contemporáneos se pueden escribir sobre cualquier tema y pueden ser históricos o ficticios.

La estructura poética común de un corrido es de 36 líneas, 9 estrofas de cuatro líneas o 6 de seis líneas. Generalmente hay 8 sílabas por línea, aunque algunas líneas pueden tener 7, 9 o 10 sílabas. El esquema de la rima es a menudo ABCB para estrofas de cuatro líneas, pero a veces es AABB. Se usa un patrón de rima ABCBDB para las estrofas de seis líneas.

Un corrido incluye varias convenciones, aunque muchos corridos no emplean todos estos elementos.

- Una apertura formal o llamada inicial del corridista
- El lugar y la fecha del evento y el nombre del personaje principal
- Los argumentos de las personas implicadas
- El mensaje
- Una despedida de las personas que participan
- La despedida del corridista

Los corridos tradicionales se escriben en español. Cuando se traducen al inglés, los corridos a menudo no riman. Hoy algunos corridos están escritos en inglés y algunos tienen una mezcla de español e inglés.

Corridos

A *corrido* is a song or ballad that tells a story. The form developed in Mexico in the nineteenth century but descended from romantic tales of medieval Spain. The song is called a corrido because it is sung rapidly (the Spanish word *correr* means "to run"). It has a simple tune and no chorus. Traditionally, corridos were written about real characters, events, and themes of heroes who fight against injustice. Contemporary corridos may be written about any topic and may be historical or fictional.

The common poetic structure of a corrido is 36 lines: 9 four-line stanzas or 6 six-line stanzas. There are generally 8 syllables per line, although some lines may have 7, 9, or 10 syllables. The rhyme scheme is often ABCB for four-line stanzas but sometimes AABB. An ABCBDB rhyming pattern is used for six-line stanzas.

A corrido includes several conventions, although many corridos do not employ all these elements.

- A formal opening or initial call of the *corridista* (singer)
- The location and date of the event and name of the main character
- The arguments of the people involved
- The message
- A farewell/dismissal of the people involved
- The farewell of the corridista

Traditional corridos were always written in Spanish. When translated into English, the corridos often do not rhyme. Today some corridos are written in English and some in a mix of Spanish and English.

FUENTES DE LAS CITAS/QUOTATION SOURCES

página/page 16: "¿Te puedo…si no"./"Would you . . . they're not." Principal Jerome Greene, quoted by Roberto R. Álvarez in *The Lemon Grove Incident* documentary (1985).

página/page 19: "Muévanse a…clase",/"Move aside . . . class," Principal Jerome Greene, quoted in *Roberto Álvarez v. Lemon Grove School District*, p. 4.

"Ustedes ya…lugar"./"You do . . . here." Ibid.

página/page 29: "Entiendo que…de California"./"I understand . . . of California." Judge Claude Chambers, quoted in Robert(o) R. Álvarez Jr., "The Lemon Grove Incident," p. 130.

página/page 35: "El caso…Estados Unidos"./"The case . . . U.S. citizens." Robert(o) R. Álvarez Jr., "The Lemon Grove Incident," p. 132.

páginas/pages 36–37: "Un tribunal…puedan pertenecer"./"A court . . . belong to." Judge Claude Chambers, quoted in Robert(o) R. Álvarez Jr., "The Lemon Grove Incident," p. 130.

página/page 37: "Creo que…el inglés"./"I believe . . . English language." Ibid, pp. 130–131.

"Un requisito…su ascendencia"./A paramount . . . of lineage." Judge Paul J. McCormick, quoted in *Mendez v. Westminster School Dist.* (February 18, 1946).

"Concluimos que…naturaleza"./"We conclude . . . unequal." Chief Justice Earl Warren, quoted in "Key Excerpts from the Majority Opinion, Brown I (1954)."

FUENTES/SOURCES

Aguirre, Frederick P. "Mendez v. Westminster School District: How It Affected Brown v. Board of Education." *Journal of Hispanic Higher Education* 4, no. 4 (October 1, 2005): 321–332.

Álvarez Jr., Robert(o) R. *Familia: Migration and Adaptation in Baja and Alta California, 1800–1975*. Berkeley: University of California Press, 1987.

———. Phone interview by author with son of Lemon Grove case plaintiff Roberto A. Álvarez, November 14, 2018.

———. "The Lemon Grove Incident: The Nation's First Successful Desegregation Court Case." *The Journal of San Diego History*, Volume XXII, no. 2 (Spring 1986): 116–135. http://www.sandiegohistory.org/journal/1986/april/lemongrove/.

Balderrama, Francisco E. *In Defense of La Raza: The Los Angeles Mexican Consulate and the Mexican Community, 1929 to 1936*. Tucson: University of Arizona Press, 1982.

Castellanos, Bobby and Lorraine. Personal interview by author with a nephew and niece of Ramona Castellanos Álvarez (mother of Roberto R. Álvarez), November 12, 2015.

Coates, Karen. "Corridos." http://score.rims.k12.ca.us/score_lessons/corridos/.

Dickey, Dan W. "Corridos." Handbook of Texas Online/Texas State Historical Association (TSHA). http://www.tshaonline.org/handbook/online/articles/lhc01.

Gómez, Elisa "Alice." Personal interview by author with former Lemon Grove School student locked out in 1931, and daughter of Los Vecinos primary organizer Juan González, November 11, 2015.

González, Henry. Personal interview by author with son of Los Vecinos primary organizer Juan González, November 11, 2015.

Heyser, Donald. "My Mexican Friends and the Segregated School in Lemon Grove." Unpublished memoir by former board member for the archival library of the Lemon Grove Historical Society.

"Key Excerpts from the Majority Opinion, Brown I (1954)." Street Law and The Supreme Court Historical Society: Landmark Cases of the U.S. Supreme Court. http://landmarkcases.org/en/Page/519/Key_Excerpts_from_the_Majority_Opinion_Brown_I_1954.

Lemon Grove School Board Minutes transcripts, July 23, 1930–April 16, 1931.

Madrid, E. Michael. "The Unheralded History of the Lemon Grove Desegregation Case." *Multicultural Education* 15, no. 3 (Spring 2008): 15–19. https://files.eric.ed.gov/fulltext/EJ793848.pdf.

Méndez v. Westminster School Dist., 64 Federal Supplement 544 (S.D. Cal. 1946), February 18, 1946. Justia US Law. https://law.justia.com/cases/federal/district-courts/FSupp/64/544/1952972/.

Ofield, Helen M. Email correspondence 2014–2015, 2018, and personal interview by author with president of Lemon Grove Historical Society, November 12, 2015.

Ofield, Helen M., and Pete Smith. *Lemon Grove: Images of America*. Mount Pleasant, SC: Arcadia Publishing, 2010.

Padilla, Mary Louisa. Personal interview by author with former Lemon Grove School student locked out in 1931, November 11, 2015.

Paredes, Raymund. "Corridos." *The Heath Anthology of American Literature*, Fifth Edition. Paul Lauter, ed. Boston: Cengage Learning, 2005. http://college.cengage.com/english/lauter/heath/4e/students/author_pages/late_nineteenth/corridos.html.

Roberto Álvarez v. Lemon Grove School District. Petition for Writ of Mandate and Alternative Writ of Mandate no. 66625 (Superior Court of the State of California, County of San Diego), February 1931.

Sanchez, Leonel. "Before Brown." *The San Diego Union-Tribune*, May 18, 2004. http://legacy.sandiegouniontribune.com/uniontrib/20040518/news_1n18grove.html.

Smith, Jeff. "Unforgettable Long-Ago San Diego: The Lemon Grove Incident." *San Diego Reader*, July 12-26, 2007.

The Lemon Grove Incident. Documentary. Directed by Frank Christopher. Produced by Paul Espinosa. San Diego, CA: KPBS Television, 1985.

Tonatiuh, Duncan. *Separate Is Never Equal: Sylvia Mendez & Her Family's Fight for Desegregation*. New York: Harry N. Abrams, 2014.

Valdez, John. Personal interview by author with Lemon Grove historian, tour of significant locations in Lemon Grove, and visits with Lemon Grove families, November 11–12, 2015.

"What is a Corrido?" Info Sheet. The Kennedy Center ArtsEdge. http://artsedge.kennedy-center.org/~/media/ArtsEdge/LessonPrintables/grade-9-12/form_and_theme_mex_cor_what_is_a_corrido.ashx.

UNA NOTA SOBRE LAS ILUSTRACIONES

Las ilustraciones de este libro fueron inspiradas en las antiguas etiquetas usadas en los empaques de cítricos en California. Antes de la década de 1960, el producto se enviaba en cajas de madera. Las etiquetas adheridas a los extremos de las cajas identificaban la marca, la región y el tipo de producto. Además, tenían que ser coloridas y llamativas para lograr vender contenido perecedero rápidamente.

A NOTE ABOUT THE ILLUSTRATIONS

The illustrations in this book were inspired by vintage California citrus labels. Prior to the 1960s, produce was shipped in wooden crates. The labels attached to the ends of the crates identified the brand, region, and kind of produce, and additionally, had to be colorful and eye-catching so the perishable content would sell to shoppers quickly.